일러스튜디오

PARKNYAM

박경진 작가는 청강문화산업대학교 만화창작과를 졸업한 후,
'박남'이라는 필명으로 활동하고 있습니다.
소설 일러스트 표지, 삽화, 전시, 디자인 문구 등
다양한 분야에서 그림 작업을 해 왔습니다.
이 책에는 누구나 겪었을 법한 추억이나 향수를 불러일으키는
이야기가 담겨 있으며, 작가 특유의 색감과 분위기가 돋보입니다.

일 러 스 튜 디 오   Weekly Boys

1판 1쇄 발행 2024년 12월 25일 | **1판 2쇄 발행** 2025년 5월 25일

지은이 박남 | **발행처** 학산문화사 | **발행인** 정동훈 | **편집인** 여영아
편집 김지현, 김학림, 김상범, 변지현 | **디자인** 김지수 | **제작** 김종훈, 한상국
등록 1995년 7월 1일 제3 – 632호 | **주소** 서울시 동작구 상도로 282
전화 편집 문의 02-828-8823, 8826 영업 문의 02-828-8962 | **팩스** 02-823-5109
홈페이지 http://www.haksanpub.co.kr

ⓒ2024 PARKNYAM. All Rights Reserved.

ISBN 979-11-411-4902-4 17650 | ISBN 979-11-411-4899-7 (세트)

※ 이 책은 저작권법에 의해 보호를 받는 저작물이므로 저자와 출판사의 허락 없이
   내용의 전부 혹은 일부를 인용하거나 발췌하는 것을 금합니다.
※ 잘못 만들어진 책은 서점에서 바꿔 드립니다.

새로운 한 주의 시작,
어떻게 보낼지 생각해 봤어?

하루하루, 일상에서 작은 즐거움을 하나씩 찾아봐.
어느덧 즐거움이 가득한 일주일이 될 테니까.

그리고 그 조그마한 행복의 한 조각에
내가 있었으면 좋겠어.

그럼, 오늘도 잘 부탁해!

어쩐지 나른하고 처지는 월요일,
할 수만 있다면 피하고 싶어.

그래도, 나는 너와 친해질 생각에
주말의 끝자락을 기대해.

난 벌써 너와 친해질 준비가 됐는데
혹시 넌 어때?

월요일에 대답해 줘.

나와 함께할 때는
네 마음속 작은 목소리까지 들어 줄게.

좋아하는 것, 싫어하는 것,
너에 대한 모든 걸 말해 줘.

너랑 더 솔직한 사이가 되고 싶어.

하늘을 가득 채운 구름,
가만히 들여다보니
어쩐지 우리 집 강아지랑 닮았어.

혹시 널 닮은 구름도 어딘가에 있을까?

우리, 같이 구름 구경하자!

하루를 꼬박 채운 바쁜 하루였지만,
왜인지 모르게 뿌듯해.

막연하게 머나먼 일들도
하나씩 천천히 해결하면 별거 아니야.

THU

weekly boys / THU

月火水木金土日

이마에서 흐르는 땀방울,
발걸음에 맞춰 뛰는 심장 소리,
불어오는 바람에 헝클어진 머리카락.

정신없이 뛰다 보면
어느새 한 주의 스트레스가 다 풀려.

입 안 가득 싱그러움이 넘치는 딸기가 좋아.
눈 깜짝할 새 사르르 녹는 아이스크림도 좋아.
그래도 제일 좋은 건 바로 토요일!

푹신푹신 구름 이불,
뒹굴뒹굴 얼룩 고양이,
벌써 세 번이나 본 영화,
우연히 알게 된 내 취향의 노래.
온종일 내가 좋아하는 것들로 가득한 하루이고 싶어.

오늘 하루 연락이 안 되더라도 이해해 줘!

매일 같은 시간에 울리는 알람,
나뭇잎 사이로 떨어지는
동그란 햇빛을 맞으며 걸어가는 골목길,
친구들의 익숙한 목소리,
평범하고 평범한 하루.

그래서, 오늘도 좋았다고.

오늘도
여느 때와 같은 시간,
여느 때와 같은 알람 소리를 듣고 눈을 떠.

모두들 그렇듯 여느 때처럼
평범한 하루의 시작.

아무 날도 아닌 평범한 일상 속에서
작은 우연들이 겹쳐 새로운 하루를 만들어 내.

어제는 작은 고민이 있었고,
오늘은 조금 속상한 일이 있었어.
이렇듯 가끔은 아쉬운 나날도 있지.

하지만 내일의 발걸음이 겁나지는 않아.

의미 없이 복도를 가득 채운 크고 작은 소음도
서로를 응원하는 노래 같아.

일기장 속 작은 한 칸,
너희와 함께해서 다행이야.

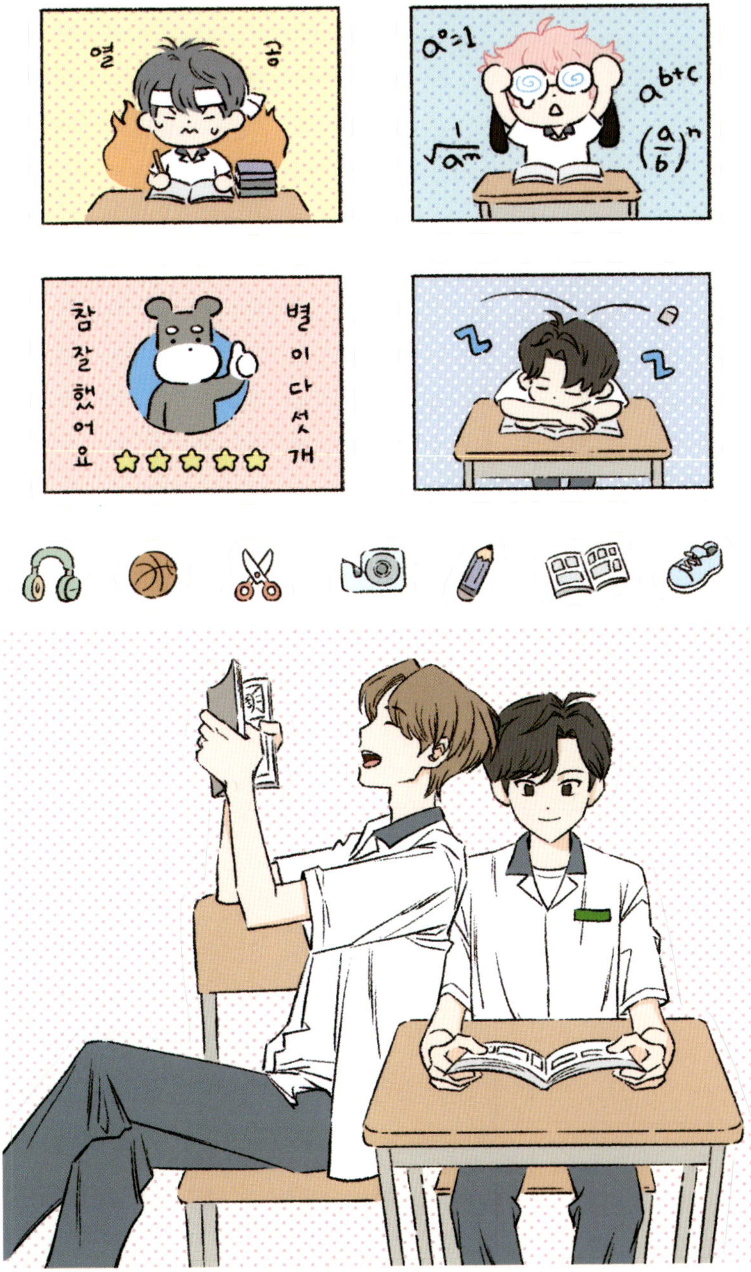

따스한 볕이 구름 위로 천천히 내려앉는 시간.

뭐 해?
빨리 와.

응.

오늘도
재밌었다.
그렇지?

우리가 나눈 나날들,
무엇 하나 빼놓을 수 없이 전부 소중해.
서랍 깊은 곳에 꼭꼭 숨겨 아껴 둘래.

긴 여름 방학을 어떻게 보낼까 고민하다
무작정 너에게 전화했어.

우리의 첫 여행,
설레는 마음으로 사진을 잔뜩 찍자.

시간이 흘러 수많은 여름이 지난다고 해도
오늘을 잊지 않을래.

한여름, 계획 없이 떠난 기차 여행.
사소한 실수가 가득해도 괜찮아.
너희와 함께라면 뭐든 좋을 테니까.

발에 닿는 부드러운 모래,
저 멀리에서 불어오는 시원한 바닷바람,
알록달록 혀를 물들이는 아이스크림.

어딜 봐도 여름이 가득해!

시간을 형태로 기록하는 방법.
여기 봐, 하나, 둘, 셋! 찰칵!

바람에 실려 날아온 풋풋한 여름 냄새,
작은 불꽃을 담은 밤하늘,
달빛에 반짝이는 윤슬.

같은 마음으로 기억될 우리의 오늘.

물기를 가득 머금은 뜨거운 날씨.
습도가 눈에 보인다면, 세상은 물방울로 가득할 거야.

손끝에 물방울이 방울방울 맺히고,
그 사이를 헤엄치는 계절.

따가운 햇볕이 강해질수록
그늘은 더 짙푸른 색이 돼.
눈앞의 모든 색과 형태가 더 또렷해지는
우리의 여름날.

나만의 색으로 물들 때 가장 빛이 나.

찰칵찰칵!

왜 그렇게 굳어 있어? 좀 웃어 봐.
그래, 훨씬 보기 좋다.

서로 마주 보고 바보 같은 표정을 지어도 좋아.
넌 내 거울이야. 그러니 더 많이 웃어 줘!

반짝이는 작은 별 모양 조명들이
얼굴을 간지럽게 해.
그래서 나도 모르게 자꾸 웃었어.

난 알아.
내가 어떻게 변해도
넌 한눈에 날 알아봐 줄 거라는걸.

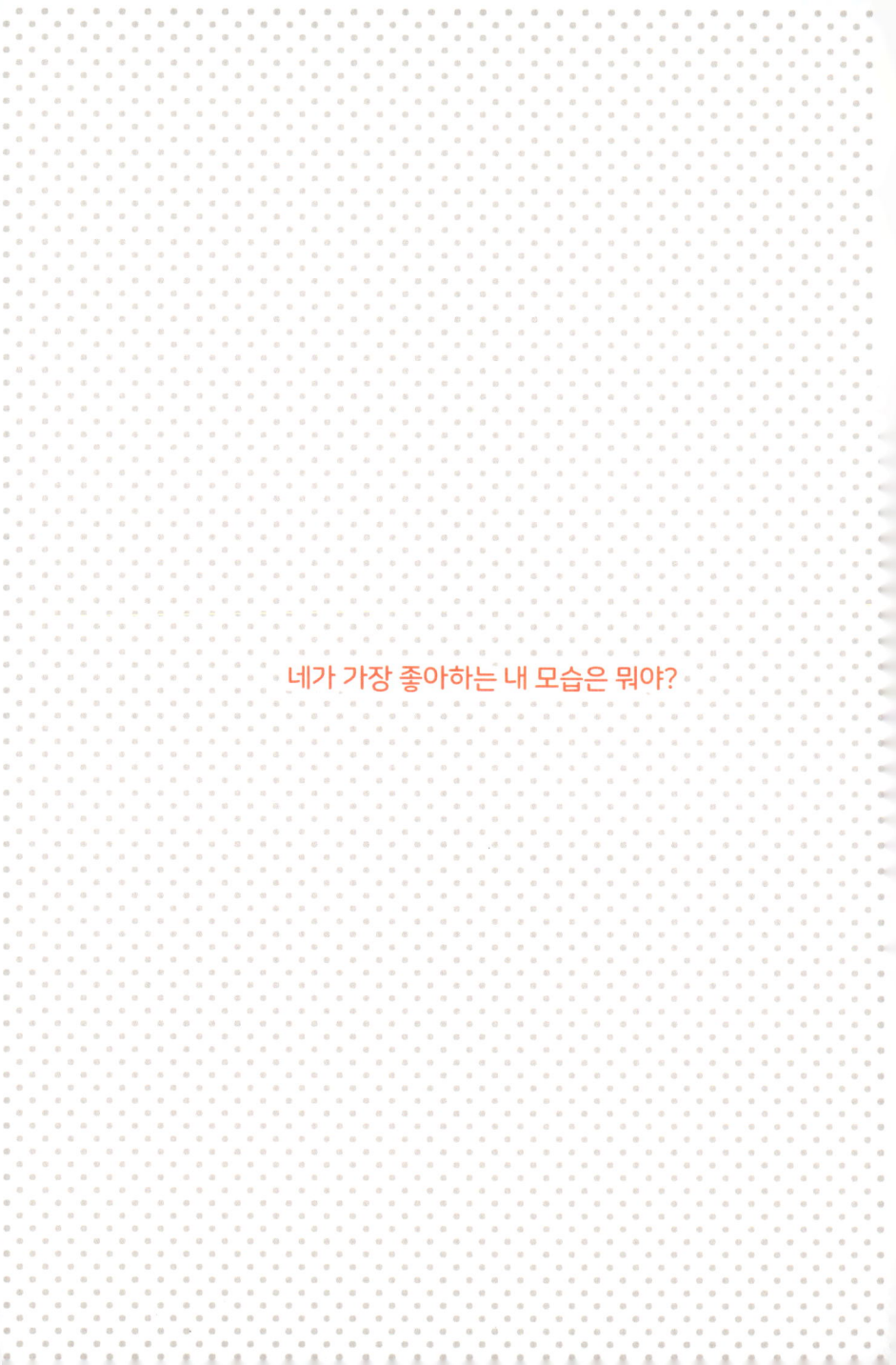

네가 가장 좋아하는 내 모습은 뭐야?

TUESDAY

 TUE

네가 발견한, 나도 몰랐던 새로운 모습.
덕분에 나도 나를 좋아하고 싶은 마음이 들어.

무거웠던 고민 같은 건
훌훌 털고 반짝반짝 닦자.

무채색이 가득했던 너의 오늘,
그래도 한 번쯤은 나를 위해 웃어 줬으면 좋겠어.

오늘 찰나의 이 순간도
네가 잊지 않고 기억해 주길.

**가끔 생각 없이 웃고 싶을 때,
이 사진을 꺼내 봐.**

우린 가끔 엉뚱한 상상을 해.
내가 동물이 된다면 어떤 모습일까?

뒤뚱거리는 걸음걸이,
귀가 쫑긋 꼬리가 팔랑팔랑,
하늘을 자유롭게 날 수도 있고,
엄청나게 빠른 속도로 달려 나갈 수도 있어.

나? 나는 나무늘보가 돼서 온종일 잠만 잘래.

소다 향이 나는 꼬마 펭귄들.
어딜 그렇게 바쁘게 가니?
나도 너희를 따라갈래.

고집쟁이 까만 고양이.
반짝이는 두 눈이 나랑 닮았어.
누가 뭐라고 해도 우린 단짝이야!

폭신폭신 포근한 코튼 향기.
어젯밤 꿈에서 만난 판다.
아침까지 푹 잠들 수 있도록
따뜻한 이불을 덮어 줘.

용맹하고 듬직한 까만 눈, 무표정한 눈썹이
볼수록 빠져들게 해.
그중 제일 매력적인 건,
동글게 말아 올린 사랑스러운 꼬리.

나풀나풀, 팔랑팔랑 어디서든 인기 가득!
넌 마치 황금색으로 빛나는 비타민 같아.
오늘도 즐겁게 실컷 뛰어놀았니?

누구나 사랑할 수밖에 없는 너.
모두 너와 있으면 행복해질 거야.

너와 포근히 안고, 따스하게 속삭이면
어느새 지구에 평화가 찾아와.
오늘도 달콤한 평화를 한 입 나눠 먹으면
행복이 가득 채워져.

너와 함께하는 시간이 늘수록
너에 대한 새로운 사실을 알수록
매일이 더 즐거워.

작아지고 작아져 버린 친구들!
10배 작아지고, 100배 귀여워졌다!

하지만 서로를 위하는 마음만큼은 작아지지 않았으니
이거… 나쁘지 않을지도?

작은 친구들의 귀여운 하루 관찰 일지!

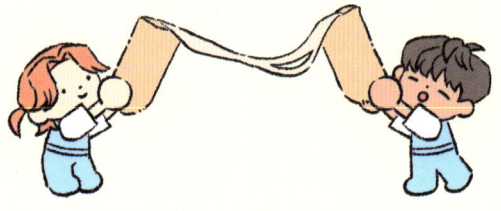

Postcard of Weekly Boys

한 페이지, 한 페이지 간직하고 싶은
너와 나의 소중한 추억.